AF217452

Mein großes

Peter Hase
Kochbuch

40 leckere vegetarische Rezepte
für Groß und Klein

Anaconda

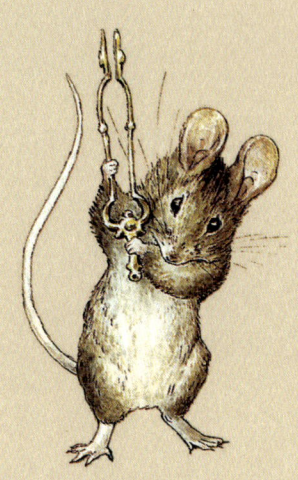

Die Illustrationen stammen aus Beatrix Potter:
Sämtliche Geschichten von Peter Hase und seinen Freunden
© Anaconda Verlag, Köln 2015.
Ein Unternehmen der Penguin Random House Verlagsgruppe GmbH

MIX
Papier aus verantwortungsvollen Quellen
FSC® C004592

Penguin Random House Verlagsgruppe FSC® N001967

© 2022 by Anaconda Verlag, einem Unternehmen
der Penguin Random House Verlagsgruppe GmbH,
Neumarkter Straße 28, 81673 München
Alle Rechte vorbehalten.
Umschlaggestaltung: dyadesign, www.dya.de
Illustrationen S. 60–61 und Umschlagrückseite ONYXprj / AdobeStock (Küchenutensilien),
S. 62–63 und Umschlagrückseite Marina Gorskaya / AdobeStock (Gemüse)
Satz und Layout: Andreas Paqué, www.paque.de
Druck und Bindung: aprinta Druck GmbH, Wemding
ISBN 978-3-7306-1091-6
www.anacondaverlag.de

Inhaltsverzeichnis

3

Einleitung

Was kann es eigentlich Schöneres geben, als gemeinsam mit Kindern in der Küche Gemüse zu schnibbeln, Kräuter zu zupfen, Eier aufzuschlagen oder Teig zu kneten und mit den eigenen Händen allerlei köstliche Dinge zu zaubern? Zwischen brutzelnden Pfannen, brodelnden Kochtöpfen und umherkreisenden Kochlöffeln ist schon manch wunderbare Idee geboren worden – nicht nur zu fantastischen Gerichten. Spaß und Kreativität sind, neben Sauberkeit und Sicherheit im Umgang mit scharfen Küchenutensilien und heißen Herdplatten, das Wichtigste beim Werkeln in der Küche.

Das gemeinsame Kochen mit Kindern schärft aber auch die Sinne und schafft ein Bewusstsein für eine ausgewogene Ernährung und für gesunde Lebensmittel. Und aus diesem Grund laden Peter Hase und seine Freunde Groß und Klein zum gemeinsamen Kochen ein. Auf die Teller kommt so ziemlich alles, was Mister McGregors Garten zu bieten hat – und auch ein bisschen mehr. Denn sein Gemüsegarten ist nicht nur für allerlei Abenteuer gut, er hält auch über das Jahr hinweg unzählige Leckereien bereit, die nur darauf warten, zu den wunderbarsten Köstlichkeiten verarbeitet zu werden.

Und so orientieren sich die Rezepte in diesem Buch an dem, was die jeweiligen Jahreszeiten an Obst und Gemüse zu bieten

haben. Der Saisonkalender am Ende des Buchs gibt euch einen guten Überblick darüber, was wann bei uns wächst – und dann auch am besten schmeckt.

Und nicht vergessen: Übung macht den Meister! Ärgert euch nicht, wenn mal etwas schiefläuft – das passiert dem besten Chefkoch! Solltet ihr noch nicht viel Erfahrung mit Kochen und Backen haben, beginnt am besten mit einfachen Rezepten, die mit nur wenigen frischen Zutaten in kurzer Zeit und kleinen Schritten zum Ergebnis führen. Übrigens: Sofern nicht anders angegeben, sind alle Rezepte für jeweils 4 Personen gedacht.

Ob Süßes, Saures oder Seelenfutter, hier ist ganz bestimmt für jedes Schleckermäulchen etwas dabei. Also, ran an die Löffel, habt Spaß – und guten Appetit!

Frühling

Mit dem Beginn des Frühlings erwacht die Natur aus ihrem Winterschlaf. Der letzte Schnee ist geschmolzen, die Tage werden wieder länger und die Sonne strahlt nun schon deutlich kräftiger vom Himmel. Die Vögel zwitschern, überall blüht und sprießt es und Wiesen und Weiden verwandeln sich in ein buntes Farbenmeer. Im Garten können jetzt die ersten Kräuter geerntet werden: Schnittlauch, Kresse, Sauerampfer oder Löwenzahn. Aber auch frischer Spinat, Lauch, junge Möhren oder Kopfsalat bieten allerlei Leckeres für frühlingsfrische Rezepte. Und natürlich steht das Osterfest vor der Tür. Festlich und bunt, mit reichlich köstlichen Knabbereien, zählt es bei Groß und Klein sicher zu den beliebtesten Festen des ganzen Jahres!

Frühlingshafte Nudeln
mit Bärlauch-Käse-Sauce

So lange dauert es

20 Minuten

Das brauchst du

350 g Nudeln (Penne oder eine andere Nudelsorte)

3 Frühlingszwiebeln

1 Bund Bärlauch

200 ml Sahne

1 EL Butter

75 g frisch geriebener Parmesan

Salz und frisch gemahlener schwarzer Pfeffer

Kresse zum Bestreuen beim Servieren

Und so wird's gemacht

Die Nudeln nach Packungsanleitung in kochendem Salzwasser bissfest garen.

In der Zwischenzeit die äußeren welken Blätter und die Wurzelansätze der Frühlingszwiebeln entfernen. Frühlingszwiebeln und Bärlauch gründlich waschen und trockenschütteln. Frühlingszwiebeln in feine Ringe, Bärlauch in schmale Streifen schneiden.

Butter in einem Topf erhitzen und die Frühlingszwiebeln darin knapp 2 Minuten anschwitzen. Bärlauch bis auf einige wenige Streifen dazugeben und das Ganze weitere 2 Minuten dünsten. Mit Sahne ablöschen, kurz aufkochen lassen, Temperatur reduzieren und 3 bis 4 Minuten etwas einkochen lassen.

Den Parmesan dazugeben und die Sauce mithilfe des »Zauberstabs« pürieren und mit Salz und Pfeffer abschmecken.

Die Nudeln abgießen, zu der Sauce geben, alles gut vermengen und mit den restlichen Bärlauchstreifen, der Kresse und geriebenem Parmesan garniert sofort servieren.

Benjamin Häschens
Spinat-Frittata

Und so wird's gemacht

Den Backofen auf 200 °C (Ober- und Unterhitze) vorheizen.

Wasser in einem großen Topf zum Kochen bringen. Zwischenzeitlich den Spinat gründlich waschen. Sobald das Wasser kocht, Spinat mit einem Teelöffel Salz hineingeben und einmal kurz aufkochen lassen. Spinat abgießen, etwas abkühlen lassen und anschließend so viel Flüssigkeit wie möglich herausdrücken. Dann den Spinat grob hacken.

Die Zwiebel schälen und in schmale Streifen schneiden. Knoblauch schälen und fein hacken.

Das Olivenöl in einer ofenfesten Pfanne erhitzen. Zwiebel und Knoblauch dazugeben und 2 bis 3 Minuten darin garen. Jetzt den Spinat dazugeben, salzen, pfeffern, 1 Prise Muskatnuss dazugeben und alles gut durchmischen.

Eier aufschlagen, in eine Rührschüssel geben und verquirlen. Parmesan reiben und zu den Eiern geben. Salzen und pfeffern.

Die Eier-Parmesan-Mischung über den Spinat geben, gut miteinander verrühren und 4 bis 5 Minuten bei mittlerer Hitze stocken lassen.

Die Pfanne im Backofen auf der untersten Stufe 10 bis 15 Minuten goldgelb ausbacken.

Die Frittata schmeckt übrigens warm aus dem Ofen ebenso gut wie kalt serviert.

So lange dauert es

30 Minuten

Das brauchst du

500 g Blattspinat

1 weiße Zwiebel

1 Knoblauchzehe

5 EL Olivenöl

1 Prise Muskatnuss

8 Eier (Größe M)

50 g Parmesan

Salz und frisch gemahlener schwarzer Pfeffer

Griechischer
Kritharaki-Salat

So lange dauert es

20 Minuten (plus Zeit zum Ziehen)

Das brauchst du

250 g Kritharaki (griech. Nudeln)

1 rote Zwiebel

1 Knoblauchzehe

1 grüne Paprika

1 Salatgurke

12 Cocktailtomaten

1 Handvoll schwarze Oliven

1 Stängel Minze

½ Bund Blattpetersilie

200 g Feta

Saft ½ unbehandelten Zitrone

4 EL Olivenöl

Salz und frisch gemahlener schwarzer Pfeffer

Und so wird's gemacht

Die Kritharaki zunächst nach Packungsanleitung garen. Anschließend durch ein Sieb abgießen und gleich mit kaltem Wasser abschrecken, da sie sonst noch nachgaren.

Die Zwiebel und Knoblauch schälen, Zwiebel halbieren und in feine Streifen schneiden, Knoblauch klein hacken. Paprika halbieren, Kerngehäuse entfernen, gründlich waschen, trockentupfen und in Würfel schneiden. Gurke schälen und ebenfalls würfeln. Die Tomaten gründlich waschen, trockentupfen und halbieren oder vierteln. Oliven unter fließendem Wasser abspülen, trocknen, ggf. den Kern entfernen und ebenfalls halbieren oder vierteln. Die Kräuter gründlich waschen, trockenschütteln, die Blättchen von den Stängeln zupfen und klein hacken. Den Schafskäse würfeln und zusammen mit dem Gemüse, den Kräutern, Zitronensaft und Olivenöl zu den Nudeln geben und gut mischen. Mit Salz und Pfeffer abschmecken und gut 1 Stunde ziehen lassen.

Nüsslis
marinierte Paprika

So lange dauert es

25 Minuten (plus Ruhezeit)

Das brauchst du

6 Paprika (rot und gelb)

2 Knoblauchzehen

30 g Rosinen

4 EL Rotweinessig

2 Stängel Minze

40 g Paniermehl

30 g Mandelstifte

4 EL Olivenöl

1 Prise Zucker

Salz und frisch gemahlener schwarzer Pfeffer

Und so wird's gemacht

Die Paprika gründlich waschen, trockentupfen, Kerngehäuse entfernen und in schmale Streifen schneiden. Knoblauch schälen und fein würfeln. Rosinen in Essig einweichen. Minze gründlich waschen, trockenschütteln, Blättchen von den Stängeln zupfen und klein hacken.

Paniermehl und Mandeln in einer beschichteten Pfanne ohne Fett vorsichtig rösten.

Jetzt das Olivenöl in einer Pfanne erhitzen, Knoblauch hinzugeben und kurz anbraten. Aber Vorsicht: Nicht braun werden lassen, sonst wird es bitter. Temperatur reduzieren, Paprika hinzugeben, zuckern und unter regelmäßigem Rühren 8 bis 10 Minuten darin andünsten. Mit den Essig-Rosinen ablöschen.

Vom Herd nehmen, Paniermehl, Mandelstifte und Minze unterheben, mit Salz und Pfeffer abschmecken und für mindestens 1 Stunde ziehen lassen.

Fruchtig frischer
Tomate-Mozzarella-

So lange dauert es

20 Minuten (plus Backzeit)

Das brauchst du

400 g Nudeln (z. B. Penne, Makkaroni oder Tortellini)

1 große Zwiebel

3 Knoblauchzehen

12 Cocktailtomaten

je 1 Stängel Thymian, Rosmarin, Oregano, Basilikum

3 EL Olivenöl

3 EL Tomatenmark

400 g Pizzatomaten

250 g Sahne

1 Prise Zucker

250 g geriebener Gouda und Emmentaler

125 g Mozzarella

Salz und frisch geriebener schwarzer Pfeffer

Auflauf
mit ordentlich Käse

Und so wird's gemacht

Den Backofen auf 200 °C Ober- und Unterhitze vorheizen.

Die Nudeln nach Packungsanweisung in Salzwasser sehr al dente kochen – sie garen im Ofen später noch ein wenig nach. Anschließend abgießen, abschrecken, abtropfen lassen und in eine Auflaufform geben.

Zwiebel und Knoblauch schälen und beides fein hacken. Die Cocktailtomaten gründlich waschen, trockentupfen und halbieren. Die Kräuter ebenfalls gründlich waschen, trockenschütteln, die Blättchen von den Stängeln zupfen und klein hacken.

Olivenöl in einem großen Topf erhitzen. Zwiebel und Knoblauch in den Topf geben und 2 bis 3 Minuten anschwitzen. Tomatenmark hinzufügen und kurz mitanrösten. Pizzatomaten und Sahne hinzufügen und die Tomatensauce einmal kurz aufkochen lassen. Temperatur reduzieren, die Kräuter und 1 Prise Zucker hinzufügen und weitere 5 bis 10 Minuten köcheln lassen.

Mit Salz und Pfeffer abschmecken und die Sauce über die Nudeln geben. Etwa 75 g des geriebenen Käses dazugeben und alles gut vermengen.

Mozzarella in Scheiben schneiden oder zerzupfen und auf dem Auflauf verteilen. Die Cocktailtomaten gleichmäßig darauf verteilen und mit dem restlichen Käse bestreuen.

Die Auflaufform in den Ofen geben und auf mittlerer Schiene gut 25 Minuten goldbraun überbacken.

Minziges *Spargelomelette*

So lange dauert es

35 Minuten

Das brauchst du

6 Eier (Größe M)

2 Stängel frische Minze

40 g frisch geriebener Parmesan oder Pecorino

200 g frischer grüner Spargel

4 EL Olivenöl

Salz und frisch gemahlener schwarzer Pfeffer

Und so wird's gemacht

Den Backofen auf 200 °C Ober- und Unterhitze vorheizen.

Eier aufschlagen, in eine Rührschüssel geben und verquirlen. Minze gründlich waschen, trockenschütteln, die Blättchen von den Stängeln streifen und fein hacken. Käse reiben und zusammen mit der Minze zu den Eiern geben. Salzen, pfeffern und beiseitestellen.

Den Spargel gründlich waschen, die holzigen Enden entfernen und leicht schräg in 5 cm lange Stücke schneiden. Das Olivenöl in einer großen, ofenfesten Pfanne erhitzen. Spargelstücke hinzufügen und ca. 5 Minuten anbraten. Ist der Spargel weich und leuchtend grün, salzen, pfeffern und den Herd auf die niedrigste Stufe stellen.

Die Eier-Minze-Käse-Mischung über den Spargel geben, kurz miteinander verrühren und 8 bis 10 Minuten bei mittlerer Hitze stocken lassen. Mithilfe eines Pfannenwenders das Omelette behutsam vom Rand der Pfanne lösen und achtgeben, dass es nicht anbrennt.

Wenn das Omelette fast gestockt ist, die Pfanne in den Backofen geben und das Omelette auf der untersten Stufe 10 bis 15 Minuten goldgelb ausbacken.

Das Spargelomelette schmeckt warm aus dem Ofen ebenso gut wie kalt serviert.

Flopsi-Häschens *Kartoffelmuffins*

Das Rezept eignet sich auch hervorragend dazu, übriggebliebene Kartoffeln oder die Reste des Pürees vom Vortag zu verwerten. Je nach Menge müsst ihr lediglich die Zutaten anpassen.

So lange dauert es

30 Minuten (plus Backzeit)

Das brauchst du für 12 Muffins

1 Muffinblech

500 g mehligkochende Kartoffeln

4 EL Butter

80–100 ml Milch

2 Frühlingszwiebeln

nach Belieben 3 Stängel Thymian (auch Rosmarin oder Petersilie)

200 g Cheddar (stattdessen: Parmesan oder Pecorino)

1 Prise frisch geriebene Muskatnuss

3 Eier (Größe M)

Salz und frisch gemahlener schwarzer Pfeffer

Und so wird's gemacht

Den Backofen auf 200 °C Ober- und Unterhitze vorheizen.

Kartoffeln schälen, klein schneiden und in einem Topf im Salzwasser garen. Wasser abgießen, unter Zugabe von 2 Esslöffel Butter und Milch die Kartoffeln zu Brei stampfen. Dabei nur so viel Milch zugeben, dass der Brei nicht zu flüssig wird.

Frühlingszwiebel gründlich waschen, trockenschütteln, die äußeren welken Blätter und die Wurzelansätze entfernen und in feine Ringe schneiden. Die Kräuter gründlich waschen, trockenschleudern, die Blätter von den Stängeln zupfen und klein hacken. Den Käse reiben.

Die restliche Butter in einer kleinen Pfanne erhitzen und die Frühlingszwiebel darin glasig dünsten. Frühlingszwiebeln, ¾ des Käses und Kräuter zum Kartoffelbrei geben und mit Muskat, Salz und Pfeffer abschmecken. Eier aufschlagen und unter den Brei mengen.

Das Muffinblech einfetten, den Kartoffelbrei gleichmäßig in die Förmchen geben und den restlichen Käse darauf verteilen.

Die Kartoffelmuffins auf mittlerer Schiene im Backofen gut 20 Minuten goldbraun ausbacken. Aus der Form lösen und warm oder kalt servieren.

Frau Hases saftiger

So lange dauert es
30 Minuten (plus Backzeit)

Das brauchst du

Für den Teig

2 Eier

130 g Rohrohrzucker

180 ml Sonnenblumenöl

200 g Karotten

225 g Vollkornmehl

½ Päckchen Backpulver

4 TL Zimt

1 TL Muskatnuss, gerieben

120 g Walnüsse, gehackt

Für die Glasur

120 g fettarmer Frischkäse

50 g weiche Butter

90 g Puderzucker

Orangenaroma nach Geschmack

Marzipankarotten zum Verzieren

Rüblikuchen

Und so wird's gemacht

Den Backofen auf 190 °C Ober- und Unterhitze vorheizen.

Die Eier aufschlagen und in einer Rührschüssel gut verquirlen, dann mit Zucker und Öl schaumig rühren. Die Karotten schälen, gründlich putzen und fein reiben. Nacheinander Karotten, gesiebtes Mehl mit Backpulver, Gewürze und Nüsse zugeben. Alles zu einem glatten Teig verrühren. (Wird eine klebrige Masse, kein kompakter Teig.) Den Teig in die Backform geben und auf mittlerer Schiene 40 bis 50 Minuten backen, bis der Kuchen aufgegangen und fest ist. Mit einem Holzstäbchen kann man prüfen, ob er schon gar ist. Abkühlen lassen.

Für die Glasur Frischkäse, Butter, Puderzucker und Orangenaroma in eine Schüssel geben und glattrühren. Die Glasur gleichmäßig auf den vollständig ausgekühlten Kuchen streichen. Zum Schluss mit Marzipankarotten dekorieren und die Glasur im Kühlschrank etwas fest werden lassen.

Knusprige
Haferflockenplätzchen

So lange dauert es

20 Minuten (plus Backzeit)

Das brauchst du für ca. 20 Plätzchen

250 g Butter

250 g kernige Haferflocken

3 Eier (Größe M)

125 g Zucker

1 Päckchen Vanillezucker

125 g Mehl

½ Päckchen Backpulver

nach Geschmack etwas Zitronenaroma

Und so wird's gemacht

Den Backofen auf 175 °C Ober- und Unterhitze vorheizen.

Zunächst in einem Topf die Butter bei mittlerer Hitze zerlassen. Vom Herd nehmen, die Haferflocken unterrühren und etwas abkühlen lassen.

Eier aufschlagen und zusammen mit Zucker und Vanillezucker schaumig schlagen. Mehl mit Backpulver zu den Haferflocken geben, gut verrühren und anschließend unter die Eier-Zucker-Mischung heben. Mit einem Spritzer Zitronenaroma abschmecken.

Backblech gut einfetten oder Backpapier verwenden. Mithilfe zweier Löffel in etwas Abstand kleine Teighäufchen auf das Backblech setzen. Auf mittlerer Schiene etwa 20 Minuten im Backofen backen.

Buttrige
Häschenplätzchen

So lange dauert es

25 Minuten (plus Backzeit)

Das brauchst du für ca. 40 Plätzchen

1 Osterhasenform zum Ausstechen

Für den Teig

100 g Sahnequark

3 EL Milch

3 EL Sonnenblumenöl

60 g Zucker

1 Prise Salz

225 g Mehl

½ Päckchen Backpulver (ca. 10 g)

Zum Bestreichen und Dekorieren

2 Eigelb

5 TL Milch

Rosinen

Und so wird's gemacht

Den Backofen auf 175 °C Ober- und Unterhitze vorheizen.

Quark, Milch, Öl, Zucker und Salz in eine Rührschüssel geben und alles gut vermengen.

Mehl in eine Schüssel geben, das Backpulver hinzufügen und gut vermischen. Zunächst die Hälfte des Mehls unter die Quarkmischung rühren. Dann das restliche Mehl hinzufügen und einen Teig daraus kneten.

Auf einer bemehlten Arbeitsfläche den Teig gut ½ cm dick ausrollen. Nun nacheinander mithilfe der Ausstechform Osterhasen aus dem Teig stechen und auf einem mit Backpapier ausgelegtem Backblech gleichmäßig verteilen. Kleiner Tipp: Wenn ihr die Ausstechform regelmäßig mit etwas Mehl einstäubt, bleibt kein Teig daran kleben.

Die Eier aufschlagen und Dotter und Eiweiß trennen. Verrührt das Eigelb gut mit der Milch und bestreicht jedes Häschen damit. Halbiert die Rosinen und setzt sie als Augen ein.

Auf mittlerer Schiene etwa 15 bis 20 Minuten im Backofen backen und anschließend auskühlen lassen.

Sommer

Bei uns bestimmen die vier Jahreszeiten schon immer den Kreislauf des Lebens. Wer genau darauf achtet, wie sie das Geschehen in der Natur beeinflussen, wird feststellen, dass kein Tag dem anderen gleicht! Der Sommer ist dabei die heißeste Jahreszeit mit der stärksten Sonneneinstrahlung: Vor allem sind die Tage jetzt am längsten. Ob Eis essen, picknicken, grillen oder schwimmen gehen – das Leben findet nun verstärkt im Freien statt. Und viele Pflanzen tragen jetzt ihre Früchte. Auf den Feldern ernten die Bauern die frühen Kartoffeln, verschiedene Kohl- und Salatsorten und das meiste Getreide. Auch die Beerenzeit ist angebrochen: Ob Erdbeeren, Johannisbeeren und Stachelbeeren oder Himbeeren und Brombeeren, im Garten wird es nun schön bunt. Zudem gibt es Kirschen, Pfirsiche, Nektarinen oder Aprikosen. Und allerorten flattern und summen die kleinen Tierchen – es ist mächtig was los im Sommer!

Knackig frischer

Apfel-Möhren-Salat

So lange dauert es

15 Minuten

Das brauchst du

1 EL Rapsöl

3 EL frisch gepresster Saft einer unbehandelten Zitrone

4 EL Apfelsaft

2 mittelgroße Möhren

2 Äpfel

Salz und frisch gemahlener schwarzer Pfeffer

Und so wird's gemacht

Für das Dressing Rapsöl, Zitronen- und Apfelsaft miteinander verrühren und mit Salz und Pfeffer abschmecken.

Die Möhren schälen, putzen und grob raspeln. Äpfel gründlich waschen, vierteln, das Kerngehäuse entfernen und ebenfalls grob raspeln. Möhren- und Apfelraspel in eine Schüssel geben, das Dressing darüber geben und das Ganze gut vermischen.

22

Sommerlicher *Nudelsalat*
mit Schafskäse und Wassermelone

So lange dauert es

30 Minuten

Das brauchst du

350 g Nudeln (Penne oder eine andere Nudelsorte)

30 g Pinienkerne

1 rote Zwiebel

300 g kernlose Wassermelone

2 Stängel Minze

16 Cocktailtomaten

200 g Schafskäse

2 EL Saft einer unbehandelten Zitrone

4 EL Olivenöl

Salz und frisch gemahlener schwarzer Pfeffer

Und so wird's gemacht

Die Nudeln nach Packungsanleitung in kochendem Salzwasser bissfest garen. Unter kaltem Wasser abschrecken, abgießen und abtropfen lassen. Anschließend in eine große Schüssel geben.

Die Pinienkerne in einer kleinen Pfanne ohne Fett goldbraun rösten. Aber Vorsicht: Sie brennen schnell an! Anschließend herausnehmen, etwas abkühlen lassen und grob hacken.

Die Zwiebel schälen und in schmale Streifen schneiden. Die Melone von der Schale befreien und das Fruchtfleisch in etwa 1 cm große Stücke schneiden. Minze gründlich waschen, trockenschütteln, die Blättchen von den Stängeln streifen und fein hacken. Cocktailtomaten gründlich waschen und halbieren. Den Schafskäse in 1 cm große Würfel schneiden. Das Ganze vorsichtig unter die Nudeln heben.

Für das Dressing Zitronensaft mit Olivenöl und 2 EL Wasser verrühren, mit Salz und Pfeffer abschmecken, zu den Salatzutaten geben und gut vermischen.

Knuspriges
Ofenbaguette

So lange dauert es

30 Minuten (plus 60 Minuten
ziehen lassen)

Tomate

Das brauchst du für ca.
16 Scheiben Ofenbaguette

2 Strauchtomaten

2 Knoblauchzehen

1 Schalotte

1 Handvoll Basilikumblätter

Olivenöl

20 g geriebener Parmesan

Salz und frisch gemahlener schwarzer
Pfeffer

Bauernbaguette (oder Ciabatta)

Und so wird's gemacht

Den Backofen auf 180 °C Umluft vorheizen.

Tomaten gründlich waschen, den Stielansatz entfernen und in kleine Würfel schneiden. Knoblauch
und Schalotte schälen und grob zerkleinern. Basilikum waschen, trockenschütteln und die Blättchen
in kleine Stücke reißen. Das Ganze in einer Schüssel mit Olivenöl zu einer glatten Masse verrühren.
Den fein geriebenen Parmesan unterheben, mit
Salz und Pfeffer abschmecken und ca. 1 Stunde
ziehen lassen.

Das Brot in dünne Scheiben schneiden, auf ein
mit Backpapier ausgelegtes Backblech legen und
auf mittlerer Schiene im Backofen 2 bis 3 Minuten
vorrösten – sie dürfen nicht zu dunkel werden,
sonst werden sie hart.

Sobald die Brotscheiben schön kross aussehen,
gibst du auf jede einen gut gehäuften Esslöffel der
Tomatenmasse und gratinierst sie kurz bei Oberhitze im Backofen.

Die Brotscheiben schmecken ofenwarm, können
aber auch kalt serviert werden.

mit Tomate und Zucchini

Zucchini

Das brauchst du für ca. 16 Scheiben Ofenbaguette

1 Zucchini

1 Gemüsezwiebel

2 Knoblauchzehen

3 Stängel Blattpetersilie

Olivenöl

1 EL Honig

20 g geriebener Parmesan

Salz und frisch gemahlener schwarzer Pfeffer

Bauernbaguette (oder Ciabatta)

Und so wird's gemacht

Den Backofen auf 180 °C Umluft vorheizen.

Zucchini gründlich waschen, trockentupfen und in kleine Würfel schneiden. Zwiebel und Knoblauch schälen und klein hacken. Petersilie gründlich waschen, trockenschütteln, die Blättchen von den Stielen zupfen und klein hacken. Einen Esslöffel Olivenöl in einer beschichteten Pfanne erhitzen, Zwiebel und Knoblauch zugeben und 2 bis 3 Minuten leicht anbraten. Zucchiniwürfel zugeben und weiter knapp 3 Minuten mit anbraten. Honig in die Pfanne geben, alles gut vermengen und kurz glasieren. Das Ganze in eine Schüssel geben. Blattpetersilie und Parmesan dazugeben und mit Olivenöl zu einer glatten Masse verrühren. Mit Salz und Pfeffer abschmecken und ca. 1 Stunde ziehen lassen.

Das Brot in dünne Scheiben schneiden, auf ein mit Backpapier ausgelegtes Backblech legen und auf mittlerer Schiene im Backofen 2 bis 3 Minuten vorrösten – sie dürfen nicht zu dunkel werden, sonst werden sie hart.

Sobald die Brotscheiben schön kross aussehen, gibst du auf jede einen gut gehäuften Esslöffel der Zucchinimasse und gratinierst sie kurz bei Oberhitze im Backofen.

Die Brotscheiben schmecken ofenwarm, können aber auch kalt serviert werden.

Blätterteigschnecken
mit Pesto

So lange dauert es

30 Minuten (plus Backzeit)

Das brauchst du
für ca. 18 Schnecken

Für den Pesto

2 Bund Basilikum (ca. 50 g)

6 EL frisch geriebener Parmesan

6 EL frisch geriebener Pecorino

2 Knoblauchzehen

3 EL Pinienkerne

½ TL Meersalz

30 ml Olivenöl

Für die Schnecken

1 Packung frischer Blätterteig aus dem Kühlregal (ca. 270 g)

1 Ei (Größe M)

Und so wird's gemacht

Den Backofen auf 180 °C Ober- und Unterhitze vorheizen.

Basilikum gründlich waschen und trockenschütteln. Die Blättchen von den Stängeln zupfen. Parmesan und Pecorino reiben. Die Knoblauchzehen schälen und grob zerkleinern. Pinienkerne in einer kleinen Pfanne ohne Öl rösten. Vorsicht: Sie verbrennen schnell und schmecken dann bitter! Alle Zutaten unter Zugabe von Olivenöl in einem Mörser zu einer homogenen Masse mörsern. Wem das zu mühselig ist, der behilft sich mit einem kleinen Mixer. Wichtig ist, dass der Pesto nicht zu flüssig wird. Mit Meersalz abschmecken.

Den Blätterteig aus dem Kühlschrank nehmen und direkt verarbeiten. Das Ei aufschlagen und Eiweiß vom Eigelb trennen. Blätterteig ausrollen und die Ränder mit Eiweiß bestreichen. Eigelb beiseitestellen, das brauchen wir noch.

Den Pesto nun gleichmäßig auf dem Blätterteig verteilen. Dabei an der langen Seite einen kleinen Rand freilassen (ca. 1,5 cm), damit die Käsemasse später nicht herausläuft. Blätterteig von der langen Seite eng aufrollen, die Enden leicht andrücken.

Ein Backblech mit Backpapier auslegen. Mit einem großen scharfen Messer die Blätterteigrolle in ca. 1 cm dicke Schnecken schneiden. Mit etwas Abstand auf das Backblech setzen und mit den Fingern oder einer Gabel leicht andrücken.

Die Schnecken mit dem verbliebenen Eigelb bestreichen und im Backofen etwa 15 bis 20 Minuten goldbraun backen.

Am besten schmecken die Blätterteigschnecken lauwarm, können aber auch kalt gegessen werden.

Hanka Mankas
Knusperstangen

So lange dauert es

15 Minuten (plus Backzeit)

Das brauchst du für ca. 16 Knusperstangen

1 Packung frischer Blätterteig aus dem Kühlregal (ca. 270 g)

1 Ei (Größe S)

1 EL weiße Sesamsaat

1 EL schwarze Sesamsaat

1 EL Mohn

2 EL Ajvar

3 EL fein geriebener Parmesan

nach Geschmack frische Kräuter (z. B. Rosmarin, Thymian, Oregano)

Meersalz

Und so wird's gemacht

Den Backofen auf 200 °C Ober- und Unterhitze vorheizen.

Blätterteig entrollen. Das Ei aufschlagen, verquirlen und die Oberseite des Blätterteigs damit einpinseln. Sesam und Mohn abwechselnd in Streifen oder gemischt darauf verteilen und salzen. Nach Belieben die gründlich gewaschenen, trockengeschüttelten und von den Stielen gezupften Kräuterblättchen darüber geben. Die Oberseite nun mit einem Backpapier abdecken und den Blätterteig mithilfe eines Schneidebretts oder großen Tellers wenden. Das zuvor unten gelegene Backpapier entfernen und diese Seite des Blätterteigs mit Ajvar bestreichen und den Parmesan gleichmäßig darauf verteilen.

Den Blätterteig nun mit einem großen scharfen Messer in etwa 1,5 bis 2 cm breite Streifen schneiden. Die einzelnen Blätterteigstreifen vom oberen und unteren Ende entgegengesetzt zu kleinen Zöpfen ineinander drehen.

Auf ein mit Backpapier ausgelegtes Backblech legen und auf der mittleren Schiene im Backofen 10 bis 12 Minuten goldbraun backen.

Sahnige *Nudeln*
mit dreierlei Paprika

So lange dauert es

40 Minuten

Das brauchst du

je 1 rote, grüne und gelbe Paprika

6–8 dicke Knoblauchzehen

350 g Nudeln (Penne oder eine
andere Nudelsorte)

5 EL Olivenöl

1 Prise Zucker

150 ml Sahne

2 Stängel Blattpetersilie

Salz und frisch gemahlener schwarzer
Pfeffer

frisch geriebener Parmesan oder
Pecorino

Und so wird's gemacht

Die Paprika halbieren, entkernen, gründlich waschen und in schmale Streifen schneiden. Die Knoblauchzehen schälen und halbieren.

Die Nudeln nach Packungsanleitung in kochendem Salzwasser bissfest garen. Öl in einer großen Pfanne erhitzen. Knoblauch dazugeben und 2 bis 3 Minuten unter Rühren leicht anbraten. Vorsicht: Der Knoblauch darf nicht anbrennen, denn dann schmeckt er bitter. Die Paprikastreifen in die Pfanne geben und weitere 2 bis 3 Minuten mitbraten. Knoblauchhälften herausnehmen (sie sollten schon relativ weich sein), auf ein Schneidbrett legen und mit einer Gabel zerquetschen. Knoblauch wieder zu den Paprikastreifen geben, eine Prise Zucker hinzufügen und alles gut verrühren. Mit Sahne ablöschen, Hitze reduzieren und das Ganze weitere gut 10 Minuten köcheln lassen. (Kleiner Tipp: Wer es nicht ganz so sahnig mag, gibt anstelle der Sahne ein wenig vom Nudelwasser zu den Paprika.)

Petersilie gründlich waschen, trockenschütteln, die Blätter von den Stängeln entfernen und klein hacken.

Die Paprikasauce mit Salz und Pfeffer abschmecken. Die Nudeln abgießen, zu der Sauce geben, alles gut vermengen und mit Petersilie und geriebenem Parmesan garniert sofort servieren.

28

Mediterrane
Zucchini-Reis-Pfanne
mit Feta

So lange dauert es

45 Minuten

Das brauchst du

2 Zucchini

1 rote Paprika

2 Tomaten

2 Knoblauchzehen

1 Zwiebel

1 frische rote Chilischote

3 Stängel Thymian

3 Stängel Blattpetersilie

3 EL Olivenöl

250 g Langkornreis

3 EL Tomatenmark

500 ml Gemüsebrühe

je 1 EL rosenscharfes und edelsüßes Paprikapulver

1 EL Balsamico

200 g Feta

Salz und frisch gemahlener schwarzer Pfeffer

Und so wird's gemacht

Zucchini, Paprika und Tomaten gründlich waschen. Zucchini je nach Größe und Geschmack halbieren oder vierteln, in schmale Streifen schneiden, Paprika und Tomaten halbieren, Kerngehäuse entfernen, Paprika in Streifen schneiden, Tomaten würfeln. Knoblauch und Zwiebel schälen und fein würfeln. Chilischote halbieren, die Kerne entfernen, gründlich waschen, trockentupfen und klein würfeln. Thymian und Petersilie gründlich waschen, trockenschütteln, die Blättchen von den Stängeln zupfen und klein hacken.

Olivenöl in einer großen Pfanne erhitzen. Zwiebel und Knoblauch darin kurz anschwitzen, Zucchini und Paprika zugeben und 3 bis 4 Minuten andünsten. Rohen Reis dazugeben, knapp 2 Minuten mitdünsten und das Tomatenmark einrühren. Unter regelmäßigem Rühren 2 bis 3 Minuten anbraten und anschließend mit der Gemüsebrühe ablöschen. Tomatenstücke hinzugeben und das Ganze einmal aufkochen lassen. Temperatur reduzieren, Paprikapulver, Chili, Thymian und Petersilie hinzugeben, mit Salz, Pfeffer und Balsamico abschmecken und gut 20 Minuten köcheln lassen, bis der Reis gar ist. Sollte die Flüssigkeit nicht ausreichen, ein wenig mehr Gemüsebrühe zugeben.

Den Feta würfeln und gegen Ende der Garzeit zur Reispfanne geben.

Waldbeeren-Crumble

Der Crumble ist ein britischer Kuchenklassiker der eigentlich nur aus Streusel (engl.: crumble) und frischem Obst besteht und meist, z. B. beim Picknick, direkt aus der Form gegessen wird.

So lange dauert es

25 Minuten (plus Backzeit)

Das brauchst du

500 g gemischte Beeren (z. B. Erdbeeren, Himbeeren, rote Johannisbeeren)

200 g Butter

200 g gehackte Mandeln

200 g Zucker

3 Päckchen Vanillezucker

1 Prise Salz

240 g Mehl

Fett für die Form

1–2 EL Puderzucker

Und so wird's gemacht

Als erstes werden die Beeren verlesen und gründlich – aber vorsichtig – gewaschen und trockengetupft. Anschließend werden die Erdbeeren geviertelt und die Johannisbeeren von den Rispen gezupft.

Den Backofen auf 200 °C Ober- und Unterhitze vorheizen.

Eine Auflauf- oder Kuchenform einfetten. Die Butter bei niedriger Temperatur zum Schmelzen bringen und in einer Rührschüssel mit den gehackten Mandeln, dem Zucker, 2 Päckchen Vanillezucker, einer Prise Salz und dem Mehl zu Krümeln zerreiben. Die Hälfte der Streusel in die Form streuen und gleichmäßig den Boden damit bedecken. Die Beeren darauf verteilen und mit den restlichen Bröseln bedecken.

Im Backofen im unteren Drittel gut 25 Minuten backen. Der Crumble ist fertig, wenn die Streusel schön knusprig sind. Dann abkühlen lassen, Puderzucker mit dem restlichen Vanillezucker vermischen und über den Kuchen streuen.

Mister McGregors supersaftiger Apfelkuchen

Nun ja, zumindest die Äpfel stammen aus Mister McGregors Garten …

So lange dauert es

90 Minuten

Das brauchst du

Für den Teig

3 Eier

125 g weiche Butter

125 g Zucker

½ Päckchen Backpulver

250 g Mehl

1,5 kg Äpfel

5 EL Zucker

½ EL Zimt, gemahlen

Butter für die Springform und zum Bestreichen

Und so wird's gemacht

Den Backofen auf 200 °C Ober- und Unterhitze vorheizen.

Eier aufschlagen und zusammen mit Butter, Zucker, Mehl und Backpulver in eine Rührschüssel geben und daraus einen Teig kneten.

Die Äpfel gründlich waschen, trockentupfen, schälen, vierteln, Kerngehäuse herausschneiden, zu dem Teig geben und alles gut miteinander vermengen – das geht am besten mit den Händen. Händewaschen vorher nicht vergessen!

Den Apfelkuchenteig in eine gefettete Springform geben und die Oberfläche, so gut es geht, glätten. Zucker und Zimt in einem Schälchen mischen und beiseitestellen.

Den Apfelkuchen im Backofen auf der unteren Schiene gut 50 Minuten backen. Nach etwa 40 Minuten die Oberfläche gut mit Butter bestreichen und ordentlich mit der Zucker-Zimt-Mischung bestreuen. Gebt acht darauf, dass die Oberfläche des Kuchens nicht zu dunkel wird. Sollte er schon Farbe angenommen haben, legt für die restliche Backzeit ein Backpapier auf die Springform.

31

Herbst

Der Herbst ist da! Die Blätter werden leuchtend
bunt. Und wie gut das Herbstlaub duftet! Mögt
ihr es auch so gern, das Laub mit euren Füßen
aufzuwirbeln? Wenn es regnet und der Sturm
an den Fenstern rüttelt, ist es daheim umso
gemütlicher. Und dann kommt der Nebel, und
hüllt alles ein. Ist das nicht magisch? Herbstzeit
ist auch Erntezeit: Getreide und Kartoffeln, Kohl
und Kürbisse, Tomaten, Gurken und Auberginen,
Karotten und Äpfel … Die Tiere beginnen, sich
einen Wintervorrat anzulegen. Und für uns hält
die Herbstküche allerlei feine Rezepte bereit –
heiße Suppen, Gemüsiges und Süßes –, damit
wir uns den Herbst so richtig schmecken lassen
können.

Feine Möhrensuppe

So lange dauert es

45 Minuten

Das brauchst du

1 weiße Zwiebel

1 Stückchen Ingwer (etwa 1,5 cm)

1 kg Möhren

1 EL Butter

1 EL Currypulver

250 ml Gemüsebrühe

400 ml Kokosmilch

Salz

Und so wird's gemacht

Zwiebel und Ingwer schälen, Zwiebel in kleine Würfel schneiden, Ingwer fein reiben. Möhren gründlich waschen, ggf. schälen und in feine Scheiben schneiden.

Butter in einem großen Suppentopf zerlassen und Zwiebel und Ingwer darin 2 bis 3 Minuten anbraten. Currypulver hinzugeben, gut verrühren, Möhren hinzufügen und das Gemüse 1 weitere Minute mitanbraten. Mit Gemüsebrühe ablöschen, Kokosmilch dazugeben und einmal kurz aufkochen. Temperatur reduzieren und unter gelegentlichem Umrühren bei geschlossenem Deckel weitere gut 20 Minuten köcheln lassen.

Wenn die Möhren gar sind, das Ganze mit dem »Zauberstab« sämig pürieren und mit Salz abschmecken.

34

Schnelle *Linsensuppe*

So lange dauert es

30 Minuten

Das brauchst du

200 g rote Linsen

2 kleine Zwiebeln

2 Möhren

3 EL Olivenöl

1 l Gemüsebrühe

Saft von 1 unbehandelten Zitrone

Kreuzkümmel, gerieben

200 g Naturjoghurt

Salz und frisch gemahlener schwarzer Pfeffer

Und so wird's gemacht

Die Zubereitung ist ganz einfach: Die Linsen unter fließend kaltem Wasser waschen und abtropfen lassen. Zwiebeln schälen, Möhren gründlich waschen und beides klein würfeln.

Olivenöl in einem großen Topf erhitzen. Gemüsewürfel hinzufügen und kurz anbraten. Anschließend die Linsen unter Rühren kurz mit anbraten und das Ganze dann mit der Brühe ablöschen. 15 Minuten auf kleiner Flamme köcheln lassen.

Wenn die Linsen gar sind, mit dem »Zauberstab« pürieren und mit Salz, Pfeffer, Zitrone und Kreuzkümmel abschmecken. Zum Schluss jeweils einen Klecks Joghurt mit auf die Teller geben. Dann schmeckt's noch besser!

35

Flammkuchen

mit Apfel und Camembert

So lange dauert es

25 Minuten (plus Backzeit)

Das brauchst du

Für den Teig

200 g Weizenmehl

50 g Maismehl

140 ml Wasser

4 EL Olivenöl

Für den Belag

1 großer Apfel

1 EL Butter

2 rote Zwiebeln

1 Stängel Thymian

1 Stängel Rosmarin

1 EL Olivenöl

3 TL Zucker

50 ml Rotweinessig

200 g Schmand

75 g Haselnussblättchen

150 g Camembert

Salz und Pfeffer

Und so wird's gemacht

Die beiden Mehle mit Wasser und Olivenöl in eine Rührschüssel geben und mit dem Knethaken des Mixers zu einem geschmeidigen Teig kneten. Den Teig auf einer bemehlten Arbeitsfläche zu 2 dünnen Fladen ausrollen.

Den Backofen auf 250 °C Ober- und Unterhitze vorheizen.

Apfel gründlich waschen, trockentupfen, halbieren, das Kerngehäuse entfernen und in schmale Scheiben schneiden. Butter in einer Pfanne erhitzen und die Apfelscheiben darin kurz anbraten, herausnehmen und beiseitestellen.

Die Zwiebeln schälen und in feine Ringe schneiden. Thymian und Rosmarin gründlich waschen, trockenschütteln, die Blättchen von den Stielen zupfen und klein hacken. Olivenöl in einer Pfanne erhitzen und die Zwiebeln darin 2 bis 3 Minuten anbraten. Zucker zugeben und Zwiebeln karamellisieren lassen. Mit Rotweinessig ablöschen, die Kräuter dazugeben und die Flüssigkeit ein wenig einkochen lassen.

Den Schmand gleichmäßig auf dem Flammkuchenteig verteilen, salzen und pfeffern und die karamellisierten Zwiebel, die Apfelscheiben und die Nussblättchen darauf verteilen. Camembert in kleine Stücke schneiden und auf dem Flammkuchen verteilen.

Den Flammkuchen im unteren Drittel des Backofens 10 bis 15 Minuten backen.

36

Nudeln
mit Bohnen, Kartoffeln und Basilikum-Pesto

So lange dauert es

25 Minuten

Das brauchst du

200 g Kartoffeln

200 g Bohnen

400 g Nudeln (Trofie oder einen andere längliche Nudelsorte)

Das brauchst du für den Pesto

2 Bund Basilikum (ca. 50 g)

6 EL frisch geriebener Parmesan

3 EL frisch geriebener Pecorino

2 Knoblauchzehen

3 EL Pinienkerne

½ TL Meersalz

50 ml Olivenöl

Und so wird's gemacht

Die Kartoffeln schälen und in kleine Würfel schneiden. Bohnen gründlich waschen, trockentupfen und den Stielansatz entfernen.

Wasser in einem großen Topf erhitzen. Wasser kräftig salzen, Kartoffeln und Bohnen hinzugeben und 5 Minuten kochen. Nudeln hinzufügen und weitere 8 bis 10 Minuten al dente kochen.

In der Zwischenzeit den Pesto zubereiten. Dazu Basilikum gründlich waschen und trockenschütteln. Die Blättchen von den Stielen zupfen. Parmesan und Pecorino reiben. Die Knoblauchzehen schälen und grob zerkleinern. Pinienkerne in einer kleinen Pfanne ohne Öl rösten. Vorsicht: Sie verbrennen schnell und schmecken dann bitter! Alle Zutaten unter Zugabe von Olivenöl in einem Mörser zu einer homogenen Masse mörsern. Wem das zu mühselig ist, der behilft sich mit einem kleinen Mixer. Wichtig ist, dass der Pesto nicht zu flüssig wird. Mit Meersalz abschmecken.

Nudeln und Gemüse abgießen und mit dem Pesto gut vermischen.

Benjamins **Backerbsensuppe**
mit Baguette

So lange dauert es

15 Minuten

Das brauchst du

1 kleine Zwiebel

2 Knoblauchzehen

2 EL Butter

400 g grüne Erbsen (tiefgekühlt)

800 ml Gemüsebrühe

Saft von ½ unbehandelten Zitrone

100 ml Sahne

Salz und frisch gemahlener schwarzer Pfeffer

1 Handvoll Dinkel-Backerbsen

1 Bauernbaguette

Und so wird's gemacht

Zwiebel und Knoblauch schälen und fein hacken. In einem großen Topf die Butter zerlassen und Zwiebel und Knoblauch darin 2 bis 3 Minuten andünsten. Die gefrorenen Erbsen dazugeben und weitere 2 bis 3 Minuten mitdünsten. Mit der Gemüsebrühe ablöschen, Zitronensaft zugeben und einmal kurz aufkochen lassen. Temperatur reduzieren und weitere 5 Minuten köcheln lassen. Sahne unterrühren und mit Salz und Pfeffer abschmecken.

Vor dem Servieren kommt je eine Handvoll Backerbsen auf die Suppe. Bitte nicht direkt in die Suppenschüssel geben, denn die Backerbsen saugen sich mit der Flüssigkeit voll und verlieren dadurch das Knackige!

Dazu passt hervorragend ein frisches Bauernbaguette.

Möhren-Waffeln
mit Gurken-Dip

45 Minuten

Das brauchst du

Für die Waffeln

125 g Butter

4 Eier (Größe M)

250 g Mehl

2 TL Backpulver

250 g Möhren

Sonnenblumenöl für das Waffeleisen

Für den Dip

1 Salatgurke

1 Bund Schnittlauch

1 Knoblauchzehe

500 g Speisequark

Saft ½ unbehandelten Zitrone

Salz und frisch gemahlener schwarzer Pfeffer

Und so wird's gemacht

Die Butter mit dem Schneebesen des Mixers cremig rühren. Eier aufschlagen und einzeln unterrühren. Das Mehl mit dem Backpulver mischen und einrühren. ⅛ Liter lauwarmes Wasser hinzufügen und zu einem glatten Teig rühren. Mit Salz und Pfeffer abschmecken und den Teig zugedeckt bei Zimmertemperatur gut 15 Minuten ruhen lassen.

Möhren gründlich waschen, trockentupfen, fein reiben und unter den Teig heben.

Gurke und Schnittlauch gründlich waschen, Schnittlauch trockenschütteln und in feine Ringe schneiden, Gurke schälen, halbieren und fein würfeln. Knoblauch schälen und fein hacken. Quark in eine Rührschüssel geben, Gurke, Schnittlauch, Knoblauch und Zitronensaft hinzufügen, gut vermengen und mit Salz und Pfeffer abschmecken.

Waffeleisen erhitzen und dünn mit Öl einstreichen.

Je Waffel gut 2 EL Teig in das Waffeleisen geben und 2 bis 3 Minuten goldgelb ausbacken. Herausnehmen, etwas abkühlen lassen und zusammen mit dem Gurkendip servieren.

Spaghetti
mit Linsenbolognese

Das brauchst du

400 g Spaghetti

1 Zwiebel

2 Knoblauchzehen

1 Karotte

1 Stange Staudensellerie

125 g Champignons

2 EL Olivenöl

125 g rote Linsen

1 Lorbeerblatt

1 EL Tomatenmark

250 ml Gemüsebrühe

400 g Pizzatomaten

je 1 Stiel frischer Thymian, Rosmarin und Oregano

1 Spritzer dunkler Balsamico

1 Prise Zucker

Salz und frisch gemahlener schwarzer Pfeffer

frisch geriebener Parmesan

Und so wird's gemacht

Zwiebeln und Knoblauch schälen und fein würfeln. Karotte und Sellerie gründlich waschen, trockentupfen und ebenfalls in feine Würfel schneiden, Knoblauch klein hacken. Pilze putzen und in kleine Stücke schneiden.

Öl in einem großen Topf erhitzen. Zwiebel und Knoblauch zugeben und kurz anschwitzen. Karotte, Sellerie und Pilze hinzufügen und das Ganze gut 5 Minuten unter regelmäßigem Rühren anbraten.

Linsen, Lorbeerblatt und Tomatenmark zum Gemüse geben und gut 2 Minuten anrösten. Mit Gemüsebrühe ablöschen und Tomaten zugeben, einmal kurz aufkochen und dann die Hitze reduzieren. Kräuter gründlich waschen, trockenschütteln, die Blättchen von den Stielen ziehen, zu der Sauce geben und das Ganze 15 bis 20 Minuten köcheln lassen.

Zwischenzeitlich die Nudeln nach Packungsanleitung in kochendem Salzwasser bissfest garen.

Die Sauce mit Balsamico, einer Prise Zucker sowie Salz und Pfeffer abschmecken. Nudeln abgießen, mit der Sauce in einem Topf vermengen und mit Parmesan garniert servieren.

Kürbissuppe

mit Birne und Ingwer

Wenn du die Suppe rund um Halloween (findet in der Nacht vor Allerheiligen statt) zubereitest, kannst du aus dem Kürbis noch ein schön gruseliges Gesicht schnitzen. Dazu solltest du aus der Oberseite des Kürbis mit einem scharfen Messer schräg (sonst sitzt er später nicht auf dem Kürbis) einen Deckel herausschneiden und dann das Fruchtfleisch vorsichtig mit einem Löffel entfernen.

So lange dauert es

30 Minuten

Das brauchst du

1 Kürbis (am besten Butternut)

3 Karotten

1 Birne

1 Zwiebel

1 Stückchen Ingwer (ca. 2 cm)

1 Stängel Zitronengras

2 EL Olivenöl

250 ml Gemüsebrühe

150 ml Birnensaft

400 ml Kokosmilch

Salz und frisch geriebener schwarzer Pfeffer

Und so wird's gemacht

Fruchtfleisch mithilfe eines Löffels aus dem Kürbis lösen, die Kerne entfernen und das Fruchtfleisch grob würfeln. Karotten und Birne gründlich waschen, trockentupfen, Karotten grob würfeln, Birne schälen und vierteln, das Kerngehäuse entfernen und ebenfalls würfeln. Zwiebel und Ingwer schälen, die Zwiebel grob hacken, den Ingwer fein reiben. Das Zitronengras waschen, trockentupfen und in feine Ringe schneiden.

Olivenöl in einem großen Topf erhitzen, Zwiebeln, Ingwer und Zitronengras kurz anrösten. Kürbis, Karotten und Birne dazugeben und 2 bis 3 Minuten anrösten. Mit Brühe und dem Birnensaft ablöschen, Kokosmilch hinzugeben und einmal aufkochen lassen. Hitze reduzieren und weitere 20 Minuten köcheln lassen.

Sobald der Kürbis weich ist, die Suppe pürieren und mit Salz und Pfeffer abschmecken.

Quetschkartoffeln

Mit Essen spielt man nicht? Hier schon, denn ihr dürft die Kartoffeln – nach dem Garen – so richtig zerquetschen. Das wird ein Spaß! Und dazu noch ein besonders leckerer …

So lange dauert es

60 Minuten

Das brauchst du für 2 Portionen

Für die Kartoffeln

1 kg kleine, mehligkochende Kartoffeln (am besten Drillinge)

3 Knoblauchzehen

8 EL Olivenöl

Für den Dip

6 EL griechischer Joghurt

2 EL Magerquark

Saft und abgerieben Schale ½ unbehandelten Zitrone

3 Dillstängel

1 Prise Zucker

vom Blech mit Zitronen-Joghurt-Dip

Und so wird's gemacht

Als erstes setzt du einen Topf mit Wasser und einem Teelöffel Salz auf und gibst die ungeschälten Kartoffeln dazu, sie sollten vom Wasser bedeckt sein. Sobald das Wasser kocht, lässt du sie für weitere 10 Minuten garen.

Zwischenzeitlich den Backofen auf 200 °C Ober- und Unterhitze oder 180 °C Umluft vorheizen.

Nun die Knoblauchzehen schälen und klein hacken. Olivenöl in einer kleinen Pfanne erhitzen und den Knoblauch dazugeben. Aber Vorsicht: Der Knoblauch darf nicht anbrennen, sonst wird er bitter! Anschließend das Knoblauchöl durch ein Sieb abgießen und auffangen. Knoblauch und Knoblauchöl beiseitestellen – beides brauchen wir noch.

Mit dem Messertest lässt sich feststellen, ob die Kartoffeln gar sind: Geht das Küchenmesser leicht durch die Kartoffeln, sind sie fertig. Stößt es auf Widerstand, brauchen sie noch ein wenig Zeit. Fertige Kartoffeln abgießen und kurz abkühlen lassen. Gleichmäßig auf einem Backblech verteilen. Große Kartoffeln ggf. halbieren und mit der Schnittstelle nach unten auf das Blech legen.

Und jetzt wird es lustig: Ihr dürft die Kartoffeln mithilfe eines Kartoffelstampfers so richtig zerquetschen – aber bitte so, dass sie noch gut 1 bis 1 ½ cm Zentimeter hoch sind. Anschließend das Knoblauchöl (noch nicht den Knoblauch) darauf verteilen und das Ganze salzen. Jetzt kommen die zerquetschten Kartoffeln für gut 40 Minuten in den Ofen.

Für unseren Zitronen-Joghurt-Dip zunächst Joghurt und Quark in eine Schale geben und gut verrühren.

Die Zitrone gründlich unter warmem Wasser abwaschen. Schale abreiben (nur das Gelbe, das Weiße schmeckt bitter!) und den Saft auspressen. Dill waschen, trockenschütteln, fein hacken und zusammen mit Zitronensaft und -schale sowie 1 Prise Zucker zu der Joghurt-Quark-Mischung geben, alles gut mischen und den Dip für mindestens eine halbe Stunde durchziehen lassen.

Wenn die Kartoffeln schön kross aussehen und leicht brutzeln, sind sie fertig. Auf Teller verteilen und den Knoblauch – falls gewünscht – und Kleckse des Dips darauf verteilen.

43

Tom Däumlings *käsige Scones*

Scones sind ein typisch britisches Gebäck, das eigentlich warm, mit Butter, Marmelade oder Honig, zum Tee gereicht wird. Tom Däumlings herzhafte Variante ist aber nicht weniger köstlich.

So lange dauert es

20 Minuten (plus Backzeit)

Das brauchst du für ca. 10 Scones

250 g Mehl

½ Päckchen Backpulver

½ TL Salz

50 g Butter

125 g Cheddar (wahlweise auch Gouda, Feta oder andere Käsesorten, die gerade im Kühlschrank sind)

2 Stängel Thymian

1 Ei (Größe M)

4 EL Crème fraîche

Und so wird's gemacht

Den Backofen auf 180 °C Ober- und Unterhitze vorheizen.

Mehl, Backpulver und Salz in einer Rührschüssel mischen. Butter klein würfeln, dazugeben und das Ganze zu einer krümeligen Masse verreiben. Den Käse grob reiben, Thymian gründlich waschen, trockenschütteln, die Blättchen von den Stielen zupfen und klein hacken. Das Ei aufschlagen, in einer kleinen Schüssel mit Crème fraîche vermischen, zusammen mit Käse und Thymian unter das Mehl rühren und zu einem glatten Teig kneten.

Auf einer bemehlten Arbeitsfläche den Teig etwa fingerdick ausrollen. Mit einem großen Keksausstecher oder einem Glas Teigtaler ausstechen und gleichmäßig auf einem eingefetteten Backblech verteilen.

Im Backofen auf mittlerer Schiene etwa 20 Minuten goldbraun backen. Die fertigen Scones abkühlen lassen.

Tipp: Wer es lieber süß mag, lässt Käse und Thymian weg und gibt nur eine kleine Prise Salz sowie drei Esslöffel Zucker zum Teig. Noch warm mit Butter, Marmelade oder Honig gegessen, sind sie unwiderstehlich.

Märchenhafer
Grießkuchen mit Mandeln

Das Rezept dieses wunderbaren Grießkuchens stammt aus dem Nahen Osten, wo er Basbousa genannt wird. Traditionell werden dort dem Zuckersirup noch 2 EL Orangeblüten- oder Rosenwasser zugegeben, was dem Kuchen eine orientalische Note verleiht.

So lange dauert es

30 Minuten
(plus Zeit zum Backen und Ziehen)

Das brauchst du

Für den Sirup

400 ml Wasser

400 g Zucker

Saft 1 unbehandelten Zitrone

Für den Teig

400 g Gries

100 g Kokosraspeln

1 Päckchen Vanillezucker

2 TL Backpulver

90 g Zucker

Salz

2 Eier

200 g Butter

250 g Joghurt

Und so wird's gemacht

Für den Sirup zunächst 400 g Zucker im Wasser lösen, aufkochen, den Zitronensaft dazugeben und das Ganze gut 10 Minuten köcheln lassen. Vom Herd nehmen und vollständig abkühlen lassen.

Für den Teig Gries, Kokosraspeln, Vanillezucker, Backpulver und Zucker mit einer Prise Salz in eine Rührschüssel geben und gut mischen. Butter in einem kleinen Topf langsam schmelzen. Eier aufschlagen, nacheinander und zusammen mit der Butter und dem Joghurt mithilfe eines Schneebesens unterrühren.

Den Teig in eine gefettete Auflaufform geben, glattstreichen und für gut eine Stunde in den Kühlschrank geben – die Butter muss wieder fest werden.

Backofen auf 170 °C Ober- und Unterhitze vorheizen.

Die Auflaufform aus dem Kühlschrank nehmen, den Teig mit einem scharfen Messer in kleine Quadrate teilen und jedes mit einer Mandel belegen. Auf der mittleren Schiene im Backofen 30 bis 35 Minuten backen.

Den kalten Sirup auf dem heißen Kuchen aus dem Backofen verteilen und anschließend 4 bis 5 Stunden ziehen lassen.

Winter

Jedes Jahr freuen wir uns auf den ersten
Schnee. Dann ist die Welt wie verzaubert.
Viele Tiere halten jetzt Winterschlaf, während
wir Schlittenfahren, Schneemänner bauen
und Schneeballschlachten machen. Wenn wir
dann zurück ins Warme kommen, brauchen
wir auch etwas Warmes in den Magen!
Außerdem steht Weihnachten vor der Tür.
Und während wir täglich ein Fenster in
unserem Adventskalender öffnen und den
Weihnachtsabend herbeisehnen, macht es
besonders viel Spaß, süße Weihnachts-
leckereien zu backen. Und natürlich, sie
zu naschen!

Kunterbunte
Gemüsechips

So lange dauert es

25 Minuten (plus Backzeit)

Das brauchst du

1 Rote Bete

1 Süßkartoffel

2 mittelgroße Kartoffeln

2 große Karotten

2 EL Olivenöl

1 TL grobes Meersalz

1 TL geräuchertes Paprikapulver

Und so wird's gemacht

Den Backofen auf 130 °C Umluft vorheizen.

Rote Bete, Süßkartoffel, Kartoffeln und Karotten putzen, schälen und mit dem Gemüsehobel in sehr feine Scheiben hobeln. Die Gemüsescheiben in eine Schüssel geben und gleichmäßig mit dem Olivenöl vermengen. Zwei Backbleche mit Backpapier auslegen und die Gemüsescheiben nebeneinander gleichmäßig darauf verteilen.

Die Bleche nacheinander auf mittlerer Stufe in den Backofen geben und gut 35 Minuten ausbacken. Zwischendurch die Gemüsechips wenden. Vorsicht: Je dünner ihr die Chips geschnitten habt, desto schneller brennen sie an; achtet darauf, dass sie nicht zu dunkel werden, sonst schmecken sie bitter.

Die Gemüsechips sind fertig, wenn sie schön knusprig sind. In eine große Schüssel geben und mit Salz und Paprikapulver bestreuen. Gut mischen und abkühlen lassen.

Champignons

mit Knoblauchsauce

So lange dauert es

25 Minuten (plus Zeit zum Ziehen)

Das brauchst du

750 g braune Champignons

2 Zwiebeln

2 Knoblauchzehen

½ Bund Frühlingszwiebeln

1 Stängel Thymian

125 g Joghurt

125 g Crème fraîche

1 EL Ahornsirup

2 EL Olivenöl

½ TL geräuchertes Paprikapulver

1 ½ TL edelsüßes Paprikapulver

Salz und frisch gemahlener schwarzer Pfeffer

Und so wird's gemacht

Champignons gründlich putzen, die größeren Pilze halbieren oder vierteln. Zwiebeln und Knoblauchzehen schälen, Knoblauch klein hacken, Zwiebeln halbieren und in feine Ringe schneiden. Frühlingszwiebel gründlich waschen, trockenschütteln, die äußeren welken Blätter und die Wurzelansätze entfernen und ebenfalls in feine Ringe schneiden. Thymian gründlich waschen, trockenschütteln, die Blätter von den Stielen zupfen und klein hacken.

In einer Rührschüssel Joghurt, Crème fraîche und Ahornsirup verrühren. Knoblauch und Thymian unterrühren, mit Salz und Pfeffer abschmecken und rund 1 Stunde ziehen lassen.

Die Champignons in einer Pfanne ohne Zugabe von Öl kurz scharf anbraten. Olivenöl und Zwiebel hinzugeben und weitere 2 bis 3 Minuten anbraten. Temperatur reduzieren und Paprikapulver sowie die Frühlingszwiebel hinzugeben. 4 bis 5 EL Wasser beifügen und unter ständigem Rühren köcheln lassen, bis die Flüssigkeit verdampft ist. Mit Salz und Pfeffer abschmecken und mit Brot und Knoblauchsauce servieren.

Kartoffelkuchen mit

So lange dauert es

45 Minuten (plus Backzeit)

Das brauchst du

750 g Kartoffeln

75 g Mozzarella

50 g geräucherter Provolone

75 g frisch geriebener Parmesan

½ Bund Blattpetersilie

60 g Butter

2 Eier (Größe M)

30 ml Milch

15 g Paniermehl

Salz und frisch gemahlener
schwarzer Pfeffer

Und so wird's gemacht

Die Kartoffeln gründlich waschen und in einem großen Topf im leicht gesalzten Wasser garkochen. Wasser abgießen, die Kartoffeln etwas abkühlen lassen und pellen. Mithilfe einer Kartoffelpresse die Kartoffeln in eine große Schüssel pressen.

Den Backofen auf 180 °C Ober- und Unterhitze vorheizen.

Mozzarella und Provolone in dünne Scheiben schneiden. Petersilie gründlich waschen, trockenschütteln, die Blätter von den Stielen zupfen und klein hacken. Etwas mehr als die Hälfte der Butter würfeln, den Rest beiseitestellen.

Nun die Eier verquirlen und zusammen mit den Butterwürfeln, Petersilie und Parmesan zu den Kartoffeln geben und das Ganze unter Zugabe der Milch zu einem geschmeidigen Teig kneten – das geht am besten mit den Fingern! Abschließend mit Salz und Pfeffer abschmecken.

Eine Springform mit 20 cm Durchmesser mit Butter einfetten und mit etwas Paniermehl ausstreuen. Die Hälfte der Kartoffelmasse in die Springform geben und gleichmäßig verteilen. Die Mozzarella- und Provolonescheiben darauf verteilen, die übrige Kartoffelmasse darüber geben und glattstreichen. Mit dem restlichen Paniermehl bestreuen und die verbliebene Butter zu gleichen Teilen dünn darauf verteilen.

Die Springform in den Backofen geben und auf mittlerer Schiene 30 Minuten backen.

Der Kartoffelkuchen kann sowohl warm als auch kalt serviert werden.

Dazu passt hervorragend ein frischer Rapunzelsalat!

Rapunzelsalat

Das brauchst du

500 g Feldsalat

Das brauchst du für das Dressing

¼ Zwiebel

2 EL Olivenöl

1 EL Balsamico

½ TL Dijon-Senf

½ TL Honig

Salz und frisch gemahlener schwarzer Pfeffer

Und so wird's gemacht

Den Feldsalat verlesen, d. h. die welken Blättchen und die feinen Wurzeln entfernen. Den Salat anschließend gründlich waschen und vorsichtig trockenschleudern. Besonders knackig wird der Rapunzelsalat, wenn er vor dem Anrichten noch kurz (für etwa 10 Minuten) in den Kühlschrank kommt.

Zwiebel schälen, sehr fein würfeln und in eine kleine Schüssel geben. Olivenöl mit Balsamico, Senf und Honig verrühren und zu der Zwiebel geben. Mit einer Gabel die Zwiebel leicht zerdrücken und das Ganze gut vermengen. Sollte das Dressing zu dickflüssig sein, kann man noch 2 bis 3 EL Wasser hinzugeben. Mit Salz und Pfeffer abschmecken.

Das Dressing erst kurz vor dem Servieren unter den Feldsalat geben, sonst fallen die zarten Blättchen in sich zusammen.

Samuel Schnurrhaars

Spinat-Strudel

So lange dauert es

40 Minuten (plus Backzeit)

Das brauchst du

800 g frischen Spinat

1 weiße Zwiebel

1 Knoblauchzehe

3 EL Olivenöl

1 Messerspitze Muskat

1 Bund Blattpetersilie

400 g Schafskäse

2 Eier (Größe M)

350 g Naturjoghurt (10 % Fett, griechische Art)

150 ml Milch

2 Päckchen Strudelteig (Yufka- oder Filoteig)

1 EL Sesamsamen

1 EL Schwarzkümmelsamen

Salz und frisch gemahlener schwarzer Pfeffer

Und so wird's gemacht

Den Backofen auf 200 °C Ober- und Unterhitze vorheizen.

Spinat verlesen, d. h. die welken Blätter aussortieren, die Blätter von den Stielen zupfen, gründlich waschen, trockenschleudern und grob hacken. Zwiebel häuten, Knoblauch schälen und beides fein würfeln.

Das Olivenöl in einer großen Pfanne erhitzen. Zwiebel und Knoblauch darin 2 bis 3 Minuten andünsten. Dann Spinat zugeben und weitere 2 bis 3 Minuten mitdünsten bis die Blätter zusammenfallen. Mit Salz, Pfeffer und einer Prise Muskat abschmecken.

Blattpetersilie gründlich waschen, trockenschütteln, die Blättchen von den Stielen zupfen und klein hacken. Den Schafskäse in kleine Würfel schneiden und zusammen mit der Petersilie zum Spinat geben und das Ganze gut vermengen.

Die Eier trennen und zusammen mit Joghurt, Milch und einem Schuss Olivenöl in eine Rührschüssel geben und gut verrühren. Mit Salz und Pfeffer abschmecken.

Eine Auflaufform gut einfetten und drei Strudelblätter in die Form geben. Eine dünne Schicht der Joghurtsauce darauf verteilen und mit einem weiteren Teigblatt bedecken. Als nächstes folgt eine Schicht der Spinat-Schafskäse-Mischung. Nun abwechselnd Teigblatt, Joghurtsauce und Spinatmischung darauf geben, bis alles aufgebraucht ist. Mit der Joghurtsauce abschließen und Sesam und Kreuzkümmel gleichmäßig darauf verteilen.

Den Spinatstrudel im Backofen auf mittlerer Schiene gut 30 Minuten backen.

Ofengerösteter **Rosenkohl**
mit Parmesankruste

Rosenkohl?! Ja, Rosenkohl! Zugegeben, das Wintergemüse ist nicht jedermanns Sache. Aber Rosenkohl ist nicht nur vitaminreich und gesund, sondern, richtig zubereitet, auch absolut lecker! Und dieses Rezept hat noch den größten Zweifler überzeugt. Der Winter kann kommen.

So lange dauert es

30 Minuten (plus Backzeit)

Das brauchst du

500 g Rosenkohl

50 ml Olivenöl

3 EL Ahornsirup (oder alternativ Honig)

3 EL Sojasauce

1 TL Zucker

1 TL Salz

2 Knoblauchzehen

50 g Parmesan

Und so wird's gemacht

Den Backofen auf 200 °C Ober- und Unterhitze vorheizen.

Die äußeren welken Blätter des Rosenkohls entfernen und ihn gründlich waschen. Stängelansatz entfernen, größere Röschen vierteln, die kleineren halbieren.

Für die Marinade Olivenöl, Ahornsirup, Sojasauce, Zucker und Salz in eine große Schüssel geben. Knoblauch schälen, durch die Knoblauchpresse zur Marinade geben und das Ganze gut verrühren.

Den Rosenkohl zur Marinade geben und alles gut vermischen, bis sämtliche Röschen mit der zuckrigen Marinade überzogen sind.

Den Rosenkohl in eine ausreichend große Auflaufform geben (die Röschen sollten alle nebeneinander Platz finden), in den Ofen geben und 30 bis 40 Minuten garen. Parmesan reiben.

Nach 15 bis 20 Minuten den Kohl wenden und mit dem geriebenen Parmesan bestreuen.

Wenn die Parmesankruste schön gold-braun glänzt, aus dem Ofen nehmen.

Herzhafte *Gemüsetarte*

So lange dauert es

35 Minuten (plus Ruhe- und Backzeit)

Das brauchst du

Für den Mürbeteig

1 Ei (Größe M)

150 g Butter

300 g Mehl

80 g Zucker

Salz

Für den Belag

1 rote Zwiebel

1 Aubergine

1 Zucchini

1 rote Paprikaschote

2 Strauchtomaten

je 1 Stängel frischer Thymian, Rosmarin, Oregano

3 EL Olivenöl

3 Eier (Größe M)

150 g Ziegenfrischkäse

150 ml Crème fraîche

Salz und frisch gemahlener schwarzer Pfeffer

Und so wird's gemacht

Das Ei aufschlagen und in eine Rührschüssel geben. Die Butter in Würfel schneiden und zusammen mit Mehl, Zucker und einer Prise Salz zu dem Ei geben. Alle Zutaten gut mit den Knethaken des Rührgeräts verkneten und den Teig für gut 30 Minuten abgedeckt in den Kühlschrank stellen.

Den Backofen auf 200 °C Ober- und Unterhitze vorheizen.

Die Zwiebeln schälen und in feine Ringe schneiden. Aubergine, Zucchini, Paprika und Tomaten gründlich waschen und trockentupfen. Aubergine würfeln, Zucchini in schmale Scheiben schneiden, Paprika und Tomaten halbieren, das Kerngehäuse entfernen, Paprika in Streifen, die Tomaten in Scheiben schneiden. Kräuter gründlich waschen, trockenschütteln, die Blättchen von den Stängeln zupfen und klein hacken.

Olivenöl in einer Pfanne erhitzen. Zwiebel, Aubergine, Zucchini und Paprika dazugeben und 5 bis 7 Minuten unter gelegentlichem Umrühren andünsten. Tomaten untermischen, Kräuter zugeben und die Gemüsemischung mit Salz und Pfeffer abschmecken. Eier aufschlagen und in einer Schüssel verquirlen. Frischkäse und Crème fraîche einrühren, salzen und pfeffern.

Eine Tarteform einfetten. Den Teig ausrollen und die Form damit auskleiden. Die Gemüsemischung in der Tarteform verteilen, die Ei-Käse-Mischung darüber geben und auf mittlerer Schiene im Backofen 30 bis 40 Minuten backen.

Winterlicher

Weihnachtsschmarrn

Mit Zimt, Zucker und Orange ist dies ein wirklich winterlich-weihnachtlicher Kaiserschmarrn.

So lange dauert es

45 Minuten

Das brauchst du

100 g Rosinen

50 ml Orangensaft

5 Eier (Größe M)

Salz

85 g Zucker

1 Päckchen Vanillezucker

250 g Mehl

½ TL Lebkuchengewürz

400 ml Milch

75 g Butter

2 Orangen

½ TL Zimt

Puderzucker

Und so wird's gemacht

Zunächst die Rosinen in einer kleinen Schale mit Orangensaft übergießen und einweichen. Die Eier trennen. Das Eiweiß mit einer Prise Salz steif schlagen. Das Eigelb mit 70 g Zucker, dem Vanillezucker und einer Prise Salz cremig schlagen und Mehl und Lebkuchengewürz unterheben. Milch einrühren und den Eischnee und die abgegossenen Rosinen unterheben und zu einem sämigen Teig vermischen.

In einer beschichteten Pfanne 50 g Butter zum Schmelzen bringen. Den Teig hineingießen und bei mittlerer Hitze knapp 10 Minuten stocken lassen. Anschließend den Pfannkuchen wenden, mit zwei Kochlöffeln zerzupfen und weitere 4 bis 5 Minuten stocken lassen.

Die Orangen schälen und in Spalten schneiden. In der Pfanne 20 g Butter erhitzen, Orangen zugeben und kurz anbraten. Mit dem restlichen Zucker bestreuen und karamellisieren lassen. Zimt zugeben und den Kaiserschmarrn mit Puderzucker bestreut mit den karamellisierten Orangen servieren.

Karamellige **Shortbread**

Very British! Das Shortbread ist ein süßes Mürbeteig-gebäck und kommt traditionell aus Schottland.

So lange dauert es

45 Minuten (plus Ruhe- und Backzeit)

Das brauchst du für 8 Stück

100 g Zucker

200 g Butter

300 g Mehl

¼ TL Salz

Das brauchst du für den Karamell

100 g Zucker

25 g Butter

100 g Sahne

1 Prise Salz

Das brauchst du für die Schokoglasur

100 g Vollmilchschokolade

50 g kleine bunte Schokolinsen

nach Belieben Puderzucker zum Bestäuben

Fingers

Und so wird's gemacht

Zucker, Butter, Mehl und Salz in einer Rührschüssel zu einem festen Teig kneten und für gut 1 Stunde in den Kühlschrank stellen.

Den Backofen auf 150 °C Umluft vorheizen.

Den Teig auf einer bemehlten Arbeitsfläche zu einem 1 cm dicken glatten Teig ausrollen. Wenn ihr ihn zu einem Rechteck formt, lässt er sich besser schneiden. Mit einem großen scharfen Messer ca. 2 cm breite und 6 cm lange Rechtecke herausschneiden und deren Oberfläche mit einer Gabel mehrmals einstechen. Dicht nebeneinander in eine flache Auflaufform legen und auf mittlerer Schiene im Backofen 30 bis 35 Minuten backen. Form Herausnehmen und abkühlen lassen.

Für den Karamell den Zucker auf dem Boden eines großen Topfes dünn und gleichmäßig verteilen. Nun den Zucker – ohne zu rühren! – bei niedriger Temperatur langsam zum Schmelzen bringen. Sollte der Zucker an der einen oder anderen Stelle zu dunkel werden, die Temperatur weiter reduzieren. Wenn der

Zucker vollständig geschmolzen ist, Butter hinzufügen und ebenfalls schmelzen lassen. Sahne dazugeben und so lange verrühren, bis eine sämige, klümpchenfreie Masse entsteht. Den Karamell knapp 10 Minuten abkühlen lassen, Salz hinzufügen und mit einem Löffel gleichmäßig über die Shortbreads in der Auflaufform verteilen. Für ungefähr 1 Stunde in den Kühlschrank geben, bis die Masse fest geworden ist.

Für die Schokoglasur die Schokolade grob hacken und in einem kleinen Topf über einem Wasserbad zum Schmelzen bringen. Anschließend über die erkaltete Karamellschicht geben und mit den Schokolinsen verzieren. Die Auflaufform kommt nun für eine weitere Stunde in den Kühlschrank.

Wenn auch die Schokolade erkaltet ist, mit einem scharfen Messer die Shortbreads voneinander trennen und nach Belieben mit Puderzucker bestreuen.

Festliche
Lebkuchenplätzchen

So lange dauert es
30 Minuten (plus Ruhe- und Backzeit)

Das brauchst du
für ca. 30 Plätzchen

Für Teig
500 g Mehl (Typ 405)

1 Päckchen Backpulver

250 g flüssiger Honig

125 g brauner Zucker

125 g Butter

Lebkuchengewürz nach Geschmack
(mindestens 3 gehäufte TL)

1 Ei (Größe M)

Für den Zuckerguss
(schmecken auch ohne)
200 g Puderzucker

2–3 EL Wasser, oder den Saft 1 unbehandelten Orange oder Zitrone

Und so wird's gemacht
Den Backofen auf 175 °C Ober- und Unterhitze
vorheizen.

Mehl und Backpulver vermischen und in eine
Schüssel sieben. Honig, Zucker, Butter und Lebkuchengewürz unter Rühren in einem Topf erwärmen
(nicht kochen!), bis der Zucker sich aufgelöst hat;
kurz abkühlen lassen.

Masse unter die Mehl-Backpulver-Mischung rühren. Ei aufschlagen, dazugeben und das Ganze zu
einem glatten Teig rühren. Zu einer Kugel geformt
für ca. 1 Stunde im Kühlschrank ruhen lassen.

Den erkalteten Teig 5 mm dick ausrollen und For-
men von ca. 5 cm Durchmesser ausstechen. Mit
etwas Abstand auf ein gefettetes oder mit Backpapier ausgelegtes Blech legen und im Backofen gut
10 Minuten goldbraun backen.

Nach Wunsch mit Zuckerguss verzieren. Dazu den
Puderzucker mit Wasser oder Saft glattrühren. Die
Masse in eine Spritztüte füllen und seiner Fantasie
freien Lauf lassen!

Kleiner Tipp:
*Wenn man ein Apfelstück mit in die Plätzchendose
legt, werden die Plätzchen weich und saftig.*

Wunderbar winterliche
Zimtschnecken

So lange dauert es

40 Minuten (plus Ruhe- und Backzeit)

Das brauchst du für ca. 12 Schnecken

125 g Zucker

250 ml Milch

20 g frische Hefe

550 g Mehl (Type 550)

2 Eier (Größe M)

250 g Butter

50 ml Ahornsirup

50 g Rohrzucker

3 TL Zimt

Salz

Und so wird's gemacht

Zucker in die lauwarme Milch geben. Hefe hineinbröseln und gut 10 Minuten abgedeckt ruhen lassen, bis sich kleine Blasen bilden.

In einer Rührschüssel Mehl mit einer guten Prise Salz vermengen. Eier aufschlagen, die Hälfte der Butter grob würfeln, zusammen mit der Milch in die Rührschüssel geben und zu einem sämigen Teig kneten. Die Schüssel mit einem Küchentuch abdecken und den Teig an einem warmen Ort gut eine Stunde gehen lassen, bis sich das Volumen des Teigs verdoppelt hat.

Die restliche Butter ebenfalls grob würfeln und zusammen mit Ahornsirup, Rohrzucker, Zimt und einer Prise Salz in einer Rührschüssel mit dem Mixer glattrühren.

Den Teig nun zu einem gut 1 cm dicken Rechteck ausrollen und gleichmäßig mit der Zimtbutter bestreichen. Den Teig anschließend von der langen Seite her aufrollen und gut 3 cm dicke Scheiben abschneiden. Eine Auflaufform mit Butter einfetten, die Zimtschnecken mit etwas Abstand zueinander hineingeben, mit Frischhaltefolie abdecken und über Nacht im Kühlschrank gehen lassen.

Am Folgetag den Backofen auf 180 °C Ober- und Unterhitze vorheizen und die Zimtschnecken auf mittlerer Schiene 30 Minuten backen.

Rezeptverzeichnis

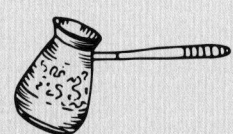

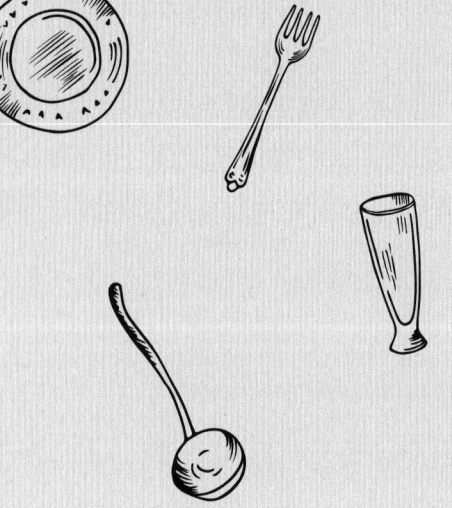

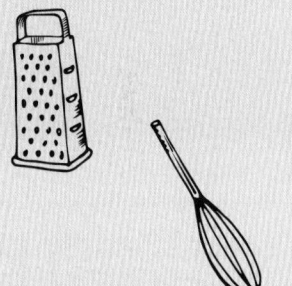

Saisonkalender

Frühling 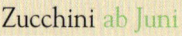 21. März bis 20. Juni

Gemüse

Blumenkohl ab Juni
Brokkoli ab Juni
Dicke Bohnen ab Juni
Erbsen ab Juni
Fenchel ab Juni
Frühlingszwiebeln ab Mai
Gurke ab Juni
Kartoffeln
Kohlrabi ab Mai
Möhren ab Juni
Mangold ab Mai

Radieschen
Rotkohl ab Juni
Spargel
Spinat
Spitzkohl ab Mai
Weißkohl ab Juni
Wirsingkohl ab Mai

Zucchini ab Juni
Zuckerschoten ab Juni
Zwiebeln *Lager*

Salat

Batavia ab Mai
Chicorée bis April
Eichblattsalat
Eisbergsalat ab Juni
Endiviensalat ab Mai
Kopfsalat ab Mai
Rucola ab Mai

Obst

Apfel *Lager*
Erdbeeren ab Mai
Heidelbeeren ab Juni
Himbeeren ab Juni
Johannisbeeren ab Juni
Kirschen ab Juni
Rhabarber

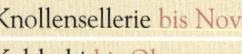

Herbst 21. September bis 20. Dezember

Gemüse

Artischocken bis Okt.
Aubergine bis Okt.
Blumenkohl bis Okt.
Brokkoli bis Okt.
Fenchel bis Nov.
Grüne Bohnen bis Okt.
Grünkohl ab Nov.
Kartoffeln

Knollensellerie bis Nov.
Kohlrabi bis Okt.
Kürbis bis Nov.
Mais bis Okt.
Mangold bis Okt.
Möhren
Paprika bis Okt.
Pastinaken
Porree
Radieschen bis Okt.
Rosenkohl
Rote Bete
Rotkohl
Schwarzer Rettich

Schwarzwurzeln
Spinat bis Nov.
Staudensellerie
Steckrüben
Topinambur
Weißer Rettich
Weißkohl
Wirsingkohl
Zwiebeln

Salat

Chicorée
Eichblattsalat bis Okt.
Eisbergsalat bis Okt.

Endiviensalat
Feldsalat
Kopfsalat bis Okt.
Radicchio bis Nov.
Rucola bis Okt.

Obst

Apfel
Birne bis Nov.
Kastanien
Quitten bis Okt.
Zwetschgen bis Okt.

Gemüse, Salat, Obst

Sommer 21. Juli bis 20. September

Gemüse

Artischocken ab Aug.

Aubergine

Blumenkohl

Brokkoli

Dicke Bohnen

Erbsen

Fenchel

Frühlingszwiebeln

Gurke

Grüne Bohnen

Kartoffeln

Knollensellerie

Kohlrabi

Kürbis

Mais ab Aug.

Mangold

Möhren

Paprika

Porree

Radieschen

Rote Bete

Rotkohl

Spinat

Staudensellerie

Steckrüben ab Aug.

Tomaten

Weißer Rettich

Weißkohl

Wirsingkohl

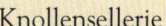

Zucchini

Zuckerschoten bis Aug.

Zwiebeln

Salat

Batavia

Eichblattsalat

Eisbergsalat

Endiviensalat

Kopfsalat

Radicchio ab Aug.

Rucola

Obst

Apfel ab Aug.

Aprikose bis Aug.

Birne ab Aug.

Brombeeren

Erdbeeren bis Juli

Heidelbeeren

Himbeeren bis Aug.

Johannisbeeren

Kirschen bis Aug.

Mirabellen

Pflaumen

Quitten ab Sept.

Weintrauben ab Aug.

Zwetschgen

Winter 21. Dezember bis 20. März

Gemüse

Grünkohl

Kartoffeln *Lager*

Kürbis *Lager*

Möhren *Lager*

Pastinaken

Porree

Rosenkohl

Rote Bete *Lager*

Rotkohl *Lager*

Schwarzer Rettich

Schwarzwurzeln

Spinat ab März

Steckrüben *Lager*

Topinambur

Weißer Rettich *Lager*

Weißkohl *Lager*

Wirsingkohl bis Febr.

Zwiebeln *Lager*

Salat

Chicorée

Feldsalat

Obst

Apfel *Lager*

Beatrix Potter
**Sämtliche Geschichten
von Peter Hase
und seinen Freunden**
ISBN 978-3-7306-0284-3

Beatrix Potter
**Peter Hase und
seine Freunde**
Das Memo-Spiel
ISBN 978-3-7306-0868-5

Beatrix Potter
**Peter Hase –
Sämtliche Abenteuer**
ISBN 978-3-7306-0106-8

Beatrix Potter
**Das große
Peter-Hase-Ausmalbuch**
ISBN 978-3-7306-0990-3

Beatrix Potter
**Peter Hase,
Benjamin Häschen**
ISBN 978-3-7306-0716-9

Beatrix Potter
**Postkarten-Set
Peter Hase**
ISBN 978-3-7306-1132-6